쌍둥이 판다가 태어났어요

Original Title: The Great Panda Tale

A Penguin Random House Company

www.dk.com

LEVEL 2

쌍둥이 판다가 태어났어요

로라 불러

DK | 삼성출판사

차례

동물원에서 봉사하기

동물원 나들이 좋아하나요? 동물 친구들을 만나고 많은 것을 배울 수 있어요.

나는 루이즈예요. 어렸을 때부터 동물원에 가는 것을 무척 좋아했어요. 코앞에서 살아 움직이는 동물들을 만나는 일은 정말 짜릿해요.

동물들이 뛰어다니면서 즐겁게 노는 모습을 보면
눈이 동그래지고, 캑캑 소리와 사납게 으르렁거리는
소리를 들으면 귀가 쫑긋 서지요.
얼마 전에 나는 아주 자랑스러운 결정을 내렸어요.
동물원 봉사 활동을 시작한 거예요. 우리 어린이 봉사
활동 대원들은 동물원을 찾는 관람객들에게
잊지 못할 추억을 선물하기 위해 노력하고 있어요.

판다가 새끼를 가졌어요

올해 여름 놀라운 일이 일어났어요.

암컷 판다 한 마리가 임신을 했지 뭐예요.

동물원 사람들은 흥분을 감추지 못했어요.

지금까지 동물원에 사는 판다가

새끼를 낳았던 적이 한 번도 없었거든요.

판다가 사는 곳

판다는 원래 중국의 높은 산에서 만날 수 있어요. 그곳의 숲은 나무들이 촘촘히 우거져 푸르른데, 특히 대나무가 많아요.

판다의 임신 소식을 들은 날, 나는 마침 판다 우리 옆을
지날 일이 생겼어요. 멋들어지게 꾸며 놓은 우리는
판다가 살았던 중국의 숲속 풍경을 닮아 보였어요.
대나무 사이로 수컷 가오윤이 보였지만,
안타깝게도 암컷 첸메이는 나타나지 않았어요.

한참을 걸어 동물연구소 건물에 도착했어요.
연구소 건물에 많은 사람들이 모여 있었어요.
사람들은 유리창에 코를 박고 한 연구실 안을
들여다보느라 정신이 없었어요.
연구실 안에 수의사 두 명과 첸메이가 보였어요.

사람들 사이로 비집고 들어가 첸메이를 보려다가
판다 사육사인 켈리 선생님을 발견했어요.
“무슨 일이에요?” 내가 묻자, 선생님은 수의사들이
첸메이의 상태를 검진하는 중이라고 알려 주셨어요.
첸메이가 별 탈 없이 새끼를 낳을 수 있을지 확인해야
한다는 얘기였지요.

임신과 출산

엄마 판다의 임신 기간은 세 달에서
다섯 달 사이예요. 주로 늦여름과
초가을 사이에 새끼를 낳아요.

사람들은 호기심에 가득 차서 소곤소곤 이야기를
주고받았어요. 잠시 후, 수의사 한 명이
엄지손가락을 척 세워 보였어요.
여기저기서 환호성이 터져 나왔지요.
첸메이 배 속에서 새끼가 무럭무럭 자라고 있대요!
이 반가운 소식은 곧 동물원 구석구석까지
퍼져 나갔어요.

판다는 멸종 위기에 처한 동물이에요. 야생에 살고 있는 판다는 2000마리도 채 되지 않아요. 그런 까닭에 야생 판다를 보호하는 일도 중요하지만, 동물원에 사는 판다가 새끼를 임신하고 낳을 수 있게 돕는 일도 무척 중요해요.

판다 보살피기

그 후 몇 달 동안 동물원 사람들은 정성을 다해
첸메이를 보살폈어요.
나에게도 임무가 주어졌어요. 판다가 즐겨 먹는
대나무를 실어 나르는 일이었지요. 판다는 날마다
엄청나게 많은 대나무를 아작아작 씹어 먹어요.
사실 대나무는 판다가 건강을 지키는 비결이기도 해요.

사육사가 손수레를
끌고 가요. 손수레에는
판다가 먹을 대나무가
수북하게 실려 있어요.

사육사들은 날마다 첸메이가 얼마나 많이 먹는지 꼼꼼히 관찰하고 기록해 두어요. 엄마의 건강에 이상이 없는지 빈틈없이 살펴야 배 속에 있는 새끼도 건강하게 자랄 테니까요.

수의사는 첸메이가 누는 똥도 검사해야 해요. 나는 그런 임무는 딱 질색이지만 말이에요.

동물원을 찾은 관람객들로부터 첸메이를 떨어뜨려 놓는 일도 중요해요. 그래서 사육사는 첸메이가 들어가 쉬기에 적당한 둥지를 하나 만들어 주었어요.

7월 들어 첸메이가 대나무를 먹는 양이 눈에 띄게 줄어들었어요. 이에 비해 혼자 지내는 시간은 부쩍 늘어나 거의 온종일 둥지 속에 틀어박혀 있어요. 새끼를 낳을 때가 된 걸까요?

다양한 검사가 이어졌어요. 수의사들은 초음파 장비를 이용해 배 속에 든 새끼의 움직임을 자세히 살펴보았어요.
검사를 마친 뒤, 켈리 선생님이 귀띔해 주었어요.
"새끼는 잘 자라고 있고 건강하단다. 첸메이는 곧 쌍둥이 아기 판다들의 엄마가 될 거야."
첸메이가 드디어 새끼를 낳는다니! 나는 내 일처럼 기뻐서 폴짝폴짝 뛰었어요.

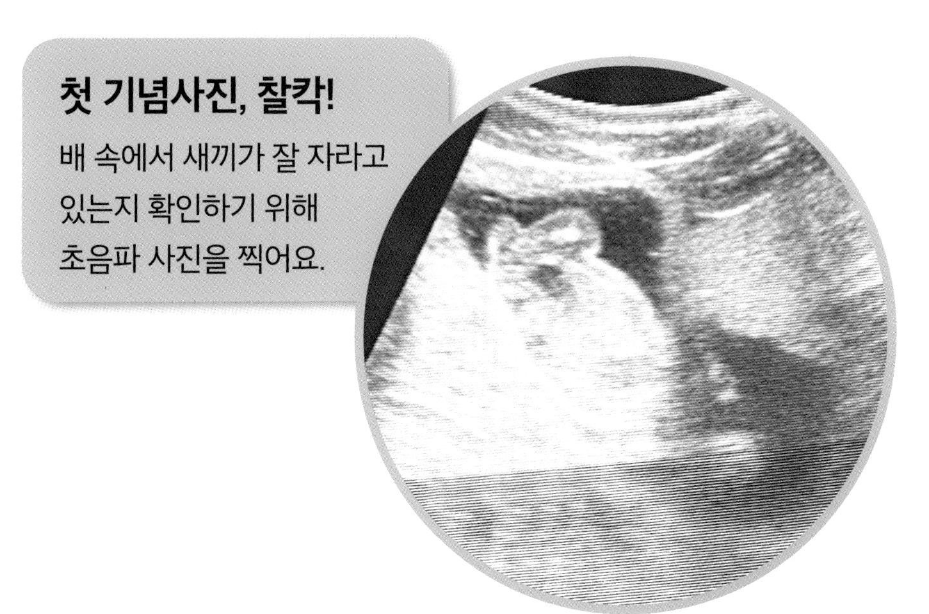

첫 기념사진, 찰칵!
배 속에서 새끼가 잘 자라고 있는지 확인하기 위해 초음파 사진을 찍어요.

쌍둥이 판다가 태어났어요

다음 한 주 동안 첸메이는 둥지에서 나올 생각을
하지 않았어요. 사육사와 수의사들은 둥지에 달아 놓은
'판다 캠'으로 첸메이를 관찰했어요.
첸메이는 하루 종일 꾸벅꾸벅 졸기만 했어요.
수의사들은 이것이 쌍둥이가 곧 태어날 신호라고
생각했어요.

판다 캠

컴퓨터와 인터넷에 연결하여 사용하는 카메라를 웹캠이라고 해요. 웹캠을 통해 동물들을 방해하지 않고 동물의 활동을 관찰할 수 있어요. 판다를 관찰하는 웹캠을 '판다 캠'이라 불러요.

어느 날 아침, 사육사들은 첸메이의 둥지에서 낯선 소리를 들었어요. 조심스레 둥지를 살펴보는데, 이런! 첸메이가 쌍둥이를 낳았지 뭐예요. 낯선 소리는 조그마한 새끼 두 마리가 젖을 달라고 보채는 소리였어요. 첸메이가 수컷과 암컷 쌍둥이를 낳았다는 소식은 동물원을 온통 뒤집어 놓았어요.

자그마한 새끼

갓 태어난 새끼 판다는 몸무게가 100그램밖에 나가지 않아요. 포유류 동물 중에서 판다보다 더 작은 새끼를 낳는 동물은 없을 거예요.

판다 새끼는 사람의 손 위에 올릴 수 있을 만큼 작아요.
실제로 엄마 판다보다 수천 배는 작지요.
입가에 젖을 묻힌 새끼 좀 보아요. 자글자글 주름이
잡힌 분홍색 몸에 군데군데 흰색 털이 돋았군요.
배가 퉁퉁 부어오를 만큼 젖을 빨고서도
얼마 지나지 않아 또 젖을 찾으며 낑낑 울어요.

눈도 뜨지 못한 새끼들은 온종일 자고 먹는 게
일이에요. 내가 갓난아기였을 때와 똑같아요.
첸메이는 새끼를 앞다리로 폭 감싸안은 채
품에서 내려놓는 일이 거의 없어요.
어쩌다 움직일 때에는 새끼를 부드럽게
입으로 물어 옮겨요.

갓 태어난 새끼는
사육사의 손보다 작아요.

사육사들은 쌍둥이 두 마리 모두 충분히 젖을 먹는지,
건강에는 문제가 없는지 부지런히 관찰해요.
모든 이들의 관심을 듬뿍 받으며 쌍둥이가 쑥쑥
자라나고 있어요.
위 사진 좀 봐요. 새끼가 젖병을 빨고 있네요.
배고픈 새끼가 젖꼭지를 찾아 입을 벌릴 때면 작디작은
하얀 이빨을 볼 수 있어요.

쌍둥이 판다의 첫 나들이

판다 쌍둥이가 태어난 지 여섯 주가 지났어요.
요즈음 나는 하루에 한 번 보육실 창문 너머로
쌍둥이를 들여다보는 버릇이 생겼어요.
정말 귀여워요!
눈 주위와 귀 그리고 어깨와 작은 다리에
검은색 털이 돋아났고, 어느새 동그랗게 눈을 떴어요.

눈송이

작은 구름

동물원에서는 쌍둥이 판다에게 어울리는 이름을

고르는 행사를 진행했어요. 많은 사람들이 투표에 참여

했지요. 투표 결과 수컷 판다는 '작은 구름', 암컷 판다는

'눈송이'라는 이름을 얻게 되었어요.

참 예쁜 이름이에요.

두 달이 지나자, 쌍둥이는 꼬물꼬물 기어다니기

시작했어요. 조금만 더 크면 걸음마를 뗄 거예요.

판다의 이름

판다의 이름은 가오윤이나
첸메이처럼 중국식으로 지어요.
'눈송이'와 '작은 구름'도
원래 중국어로는 '슈에화'와
'샤오윤'이에요.

작은 구름과 눈송이는
넉 달쯤 지났을 때 걸음마를 뗐어요.
얼마 안 가 작은 구름은 조금씩 뛰기 시작했어요.
쌍둥이는 엄마가 하는 행동은 무엇이든 따라 했어요.
엄마처럼 나무를 기어오르고, 엄마처럼 대나무를
아작아작 씹었어요.
드디어 쌍둥이들이 우리로 나가
관람객들과 첫인사를 나눌 때가 되었어요.

눈송이와 작은 구름이 엄마와 함께 우리로 첫 나들이를 나온 날이 생생히 기억나요.

나는 울타리 너머에서 판다 가족을 지켜봤어요.

먼저 작은 구름과 눈송이가 눈에 들어왔어요.
정글짐에 올라서서 대나무 줄기와 장난치는 작은 구름을
눈송이가 한 층 높은 곳에서 내려다보고 있었어요.
다음으로 첸메이 쪽을 봤어요. 첸메이는 보초라도
서는 듯 관람객을 조심스레 살펴보고 있었지요.
문득 자나 깨나 나에게 별일이 없는지 걱정하는
우리 엄마와 비슷하다는 생각이 들었어요.
그 순간 첸메이와 눈이 마주쳤어요. 첸메이가 나에게
앞발을 흔들었어요!
가슴 벅찬 일로 가득했던 동물원 봉사 활동 중
최고로 놀라운 선물이었어요.

용어 정리

멸종
생물의 한 종류가 완전히 없어지는 일

수의사
동물을 진찰하고 치료하는 의사

쌍둥이
한 어머니에게서 한꺼번에 태어난 두 아이

야생
산이나 들에서 저절로 나서 자라는 일, 또는 그런 동물과 식물

우리
울타리로 둘러싸인 장소로 동물을 가두어 기른다.

초음파
사람이 들을 수 없는 소리. 초음파를 몸 안으로 쏘아 보낸 뒤 반사되어 돌아오는 신호를 영상으로 만들어 초음파 사진을 찍는다.

퀴즈

이 책을 읽고 무엇을 알게 되었는지 물음에 답해 보세요.
(정답은 맨 아래에 있어요.)

1. 동물원 봉사 활동 대원은 무슨 일을 할까요?
2. 야생에서 판다는 어디에 살까요?
3. 판다가 가장 좋아하는 음식은 무엇일까요?
4. 갓 태어난 판다 새끼는 무슨 색깔일까요?
5. 판다 새끼는 하루 종일 주로 무슨 일을 할까요?

1. 동물원 관람객을 돕는다. 2. 중국의 높은 산 3. 대나무 4. 분홍색 5. 자기와 먹기

DK 읽는재미!
SUPER Readers
아이들의 흥미와 발달을 모두 고려한
체계적인 읽기 프로그램 <DK 읽는 재미>.
스트레스 없는 책 읽기를 통해
아이들의 문해력이 자연스럽게 향상됩니다.

LEVEL
1
스스로
읽어요
취학 전~
초등 1학년
정글 속에는 누가 살까?
시끌벅적 농장의 하루
동물들아 밥 먹자
아기 동물들은 귀여워
올챙이의 변신
신비한 바닷속 탐험
점프 챔피언 돌고래
트리케라톱스 vs 티라노사우루스
나비의 한살이
바쁘다 바빠, 부지런한 꿀벌
멍멍 개 우리의 친구
야옹야옹 고양이 가족
무엇을 타고 갈까요?
일하는 중장비차
꽁꽁 얼음 왕국
오늘 날씨 어때?
본문 32p